Plongez dans l'univers enchanteur de 'Color', notre livre de coloriage exceptionnel ! Explorez des pages remplies de personnages adorables, prêts à prendre vie grâce à l'imagination débordante de vos enfants. Avec un équilibre parfait entre des dessins simples adaptés aux petits artistes en herbe et des motifs élaborés stimulant la créativité, chaque page offre une aventure artistique captivante. Encouragez la découverte des couleurs tout en savourant des moments de détente et d'apprentissage. Laissez libre cours à l'imagination de vos enfants et plongez dans des heures de plaisir coloré avec 'Color', un livre de coloriage rempli de personnages enchantés et d'inspiration infinie !

De plus, notre livre "Color" offre des pages blanches prêtes à être explorées par la créativité débordante de votre enfant. Ces pages vierges sont une toile libre, stimulant l'imagination et permettant à votre enfant de créer ses propres œuvres d'art uniques. Offrez à votre enfant la liberté de s'exprimer et de donner vie à ses idées avec 'Color', un compagnon artistique qui encourage l'épanouissement créatif à chaque page."

Immerse yourself in the enchanting world of 'Color,' our exceptional coloring book! Explore pages filled with adorable characters ready to come to life through the boundless imagination of your children. Striking the perfect balance between simple drawings tailored for budding young artists and intricate patterns that stimulate creativity, each page offers a captivating artistic adventure. Encourage color discovery while savoring moments of relaxation and learning. Unleash the imagination of your children and dive into hours of colorful fun with 'Color,' a coloring book brimming with enchanted characters and endless inspiration!
Furthermore, our book 'Color' provides blank pages ready to be explored by your child's overflowing creativity. These blank canvases stimulate imagination, allowing your child to create their own unique works of art. Grant your child the freedom to express themselves and bring their ideas to life with 'Color,' an artistic companion that fosters creative growth on every page.

Sumérgete en el encantador mundo de 'Color', nuestro excepcional libro de colorear. Explora páginas llenas de personajes adorables listos para cobrar vida gracias a la desbordante imaginación de tus hijos. Con un equilibrio perfecto entre dibujos sencillos adaptados para los jóvenes artistas en ciernes y patrones intrincados que estimulan la creatividad, cada página ofrece una cautivadora aventura artística. Fomenta el descubrimiento de colores mientras disfrutas de momentos de relajación y aprendizaje. Deja volar la imaginación de tus hijos y sumérgete en horas de diversión colorida con 'Color', un libro de colorear lleno de personajes encantados e inspiración interminable.
Además, nuestro libro 'Color' ofrece páginas en blanco listas para ser exploradas por la creatividad desbordante de tu hijo. Estas páginas en blanco son un lienzo libre que estimula la imaginación y permite a tu hijo crear sus propias obras de arte únicas. Ofrece a tu hijo la libertad de expresarse y dar vida a sus ideas con 'Color', un compañero artístico que fomenta el crecimiento creativo en cada página.

color

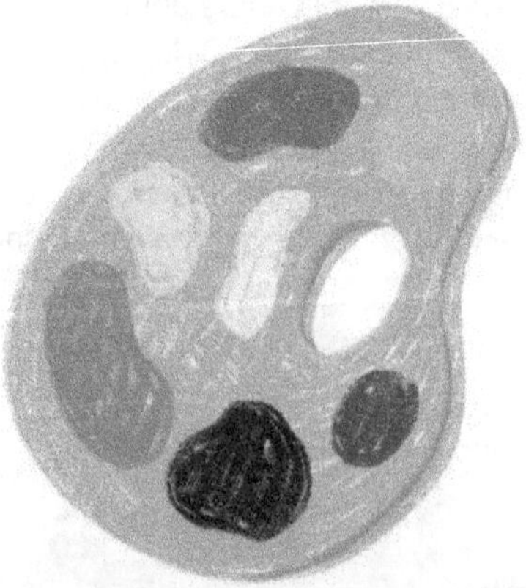

Libérez votre Créativité avec 'Color' : Des Pages Blanches pour S'Exprimer

Unleash Your Creativity with 'Color': Blank Pages for Self-ExpressionL

Creatividad con 'Color': Páginas en Blanco para la Autoexpresión

© 2024 Joel Abelard
Édition : BoD - Books on Demand, info@bod.fr
Impression : BoD - Books on Demand, In de Tarpen 42,
Norderstedt (Allemagne)
Impression à la demande
ISBN : 978-2-3225-2313-9
Dépôt légal : février 2024

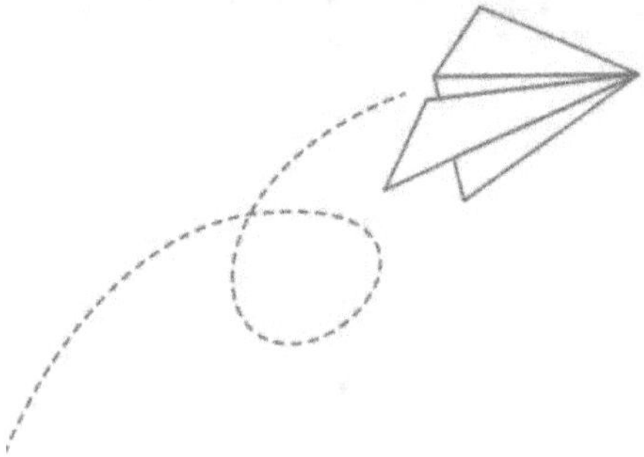

AU REVOIR

SEE YOU SOON

¡Hasta luego